Agua en la ciudad de Mexico

Antonio Calle

DEDICATORIA

Tláloc en su altar provee de agua a la ciudad
Un hombre de Ecatepec provee de agua a su localidad.
A todos aquellos que realizan tareas "triviales" pero de gran trascendencia.

CONTENIDO

Agradecimientos i

1 Introduccion pág. 1

2 Epoca prehispanica pág. 3

3 Despues de la conquista pág. 14

4 Higiene y agricultura pág. 23

5 Salud e industria pág. 26

6 Conclusiones pág. 31

7 Bibliografia pág. 32

AGRADECIMIENTOS

A las personas que brindan ayuda sin esperar nada a cambio.

INTRODUCCION

El lago de México fue la cuna de un gran imperio, este fue su refugio y eje central de mando, sirvió como una reserva de alimento para los pueblos aledaños como Azcapotzalco, Texcoco, Tlacopan por mencionar los de mayor importancia, un pueblo que intento dominar sus cauces por medio del ingenio y tecnología disponibles. Este fue un recinto para aves, peces, reptiles e insectos, la gran variedad de organismos y el equilibrio que se logró entre la población de la época prehispánica sorprendiendo a los españoles que lo dejan escrito en cartas y relatos, un lago tan importante merece su historia y aquí conoceremos las principales causas que provocaron su desecación y exterminio.

Vivimos en una ciudad de agua pero pocos lo saben. Si alguna vez esto fue un lago, ¿podría la naturaleza retomar lo que es suyo?; conocer la historia evita que cometamos los mismos errores; tal vez si entendemos porque se despojó de agua a la ciudad podamos hallar una solución a las problemáticas que hoy se viven; la escases de agua es algo imaginario, los habitantres de la ciudad de mexico viven debajo de este bien tan preciado por todos, es necesario entender su historia y cuidarla para las futuras generaciones.

Resumimos archivos historicos basandonos en mapas prehispanicos y en anecdotas de personas de la zona lacustre asi como en el uso de acervos de bibliotecas de esta gran ciudad.

CAPITULO I ÉPOCA PREHISPÁNICA

Fig. 1 Mapa de Upsala o Santa Cruz-1500, Lago de México con canales diques y calzadas,

Factores especiales permitieron la formación de esta cuenca; tras un largo periodo de actividad volcánica durante la cual se conformaron la sierra de las cruces al oeste la sierra de Guadalupe al noreste y la sierra de rio frio y nevada al este, durante esta etapa las aguas seguían su camino de manera natural hacia el sur hasta salir al pacifico, pero la formación de la sierra de Chichinautzin al sur de la cuenca de México, la convirtió en una cuenca endorreica. En consecuencia empezó a retener las aguas dando lugar a la zona lacustre de México ubicado en una latitud tropical donde la insolación es mayor que el resto del globo.[1]

Esta zona lacustre poseía poca profundidad lo que permitía el desarrollo de plantas acuáticas y su asimilación de la luz solar en el proceso de la fotosíntesis, dando lugar a pastizales acuáticos y siendo estos el principio de una cadena trófica en el ecosistema para que finalmente alberge a insectos, aves, peces, tortugas, ajolotes, serpientes etc. La importancia del lago es tal que algunos autores no dudan en afirmar que la sedentarización de los pueblos se debe al lago; la agricultura no fue la principal causa, fue la riqueza del lago el que los sedujo, ofreciendo ante sus ojos las más variadas criaturas, la caza y la pesca más abundante.[1]

Antes del surgimiento del émperio azteca, aproximadamente en el año 1000 de nuestra era, el sistema lacustre del fondo de la cuenca cubría aproximadamente 1 500 kilómetros cuadrados, y estaba formado por cinco lagos someros, encadenados de norte a sur: Tzompanco, Xaltocan, Texcoco, Xochimilco y Chalco. Los dos lagos del sur, Chalco y Xochimilco, y los dos del norte, Tzompanco y Xaltocan, eran algo más elevados y sus aguas escurrían hacia el cuerpo de agua central más bajo, Texcoco, donde la escorrentía de toda la cuenca se acumulaba antes de evaporarse a la atmósfera.[2]

En la cuenca de México, como en todas las cuencas cerradas, el destino final de las sales acarreadas por el agua es la parte más baja de la cuenca, donde el agua se evapora y las sales se van acumulando lentamente a lo largo de cientos o miles de años. Las aguas del Lago de Texcoco, en consecuencia, eran salobres; y desde el punto de vista geológico formaban un verdadero "mar interior", como atinadamente se refirió Hernán Cortés a este gran cuerpo de agua.[3]

Entre los años 1700 y 1100 a. C., los primeros poblados grandes empezaron a formarse al noreste de la cuenca. Para el año 100 a. C., la población de la cuenca era de aproximadamente 15 000 habitantes, con varios pueblos de más de 1 000 personas distribuidos en diferentes partes del valle. Los chichimecas, provenientes del norte, se asentaron en Xoloc; mientras que Acolhuas, Tepanecas y Otomíes ocupaban las márgenes occidentales del lago (Azcapotzalco, Tlacopan y Coyohuacan) y grupos de influencia tolteca se establecían al oriente (Culhuacán, Chimalpa y Chimalhuacán). El sistema lacustre en el fondo de la cuenca se fue rodeando lentamente de un cúmulo de pequeños poblados. El desarrollo de nuevas técnicas agrícolas basadas en el riego por inundación del subsuelo y en la construcción de canales, permitieron un impresionante aumento en las densidades poblacionales. [4]

La ciudad de México Tenochtitlan fue fundada alrededor de 1325, en un islote localizada en el área pantanosa del oeste del lago de Texcoco, esta era parte del dominio del señorío Tecpaneca con sede en Azcapotzalco bajo el mando de Tezozomoc. Las primeras casa de los mexica eran pobres chozas de carrizo y lodo con techos de paja. Se alimentaban con pescados y aves acuáticas y bebían agua que les proporcionaba un pequeño manantial llamado Tozpalatl. Aproximadamente entre 1416-1426 piden una concesión en Azcapotzalco para construir un acueducto que permitiera conducir el agua de los manantiales de Chapultepec a la Ciudad México- Tenochtitlan, pues el agua del Tozpalatl ya no era suficiente. [5]

Los pueblos que se asentaron a las orillas no tuvieron problemas para conseguir agua potable, pero el pueblo mexica que se encontraba en el centro del lago fue una historia muy diferente

Con el paso del tiempo el principal problema que ha tenido esta ciudad es el abastecimiento de agua potable cada vez que su población aumenta; podríamos decir que la necesidad de agua es proporcional al crecimiento de la población; con la concesión que reciben del señorío de Azcapotzalco surge la primera intervención de gran magnitud que se realiza en el lago para introducir este recurso tan preciado y finito. Al paso de los años veremos que no fue la última y hoy en día continua.

El acueducto fue elaborado completamente de barro por lo que no soporto la corriente abundante de Chapultepec así lo relata Fray Diego duran:[6]

Alegres y contentos, empezaron con gran cuidado y prisa a sacar céspedes y hacer balsas de carrizos para hacer camino por donde viniese; y en breve tiempo, con muchas estacas y carrizos, céspedes y otros materiales, trajeron el agua a México, aunque con trabajo por estar fundado sobre agua y desbaratárseles por momentos por ser el golpe de agua que venía, grande, y el caño ser todo de barro. [6]

Y agrega Duran que lo inútil de esta obra sirvió a los mexica para provocar un enfrentamiento con Azcapotzalco:

Como aquella agua que les había dado no conseguían gozarla, a causa de que, como iba sobre barro, con facilidad se lo llevaba ya desbaratado; que les hiciese merced de darles madera, de estacas, piedras y cal, y mandar a sus vasallos les fuese el agua, segura, sin romperse. [6]

Esto indigno a los Tecpaneca que decidieron hacerles la guerra en 1426, estos sometieron a los insolentes, pero 2 años después los mexica consiguieron su independencia venciendo al señorío de Azcapotzalco y conformando la triple alianza.

Su expansión comenzó y conquistaron dominios Tepaneca del valle de México, como Atlacubaya, Coyohuacan y Xochimilco, y ordenaron a este último construir una calzada de tres brazas de ancho que uniera su ciudad con la de México-Tenochtitlan. [6]

La construcción de la calzada Xochimilco hacia México-Tenochtitlan es la segunda intervención en el lago; por otra parte Nezahualcóyotl, rey de Texcoco, renovaría el acueducto de Chapultepec, pero esta vez de mampostería. Quince años después este acueducto quedaría bajo el agua tras una inundación que alcanzo tal altura que fue necesario elevar el suelo a una altura media de un hombre. [7]

La solución al primer problemática con el abastecimiento de agua potable quedo resuelto con la construcción del acueducto Chapultepec, pero los islotes donde fue fundada la ciudad poseen un nivel más bajo, lo que nos presenta un segundo problema que son las inundaciones; fenómeno que aun hoy en la actualidad está presente.

Para el problema con las inundaciones se desarrolló un complejo sistema de diques y calzadas que a la llegada de los conquistadores poco pudieron entender la función de estos, algunas con muchos puentes para dejar pasar el agua y a sus pobladores, otras con pocos cortes para evitar el paso de aguas, así el sistema de calzadas controlaban el flujo del agua; siendo estos insuficientes, llevo a la construcción de diques o albarradas.

Para 1449 bajo el mandato de Moctezuma las lluvias torrenciales causaron una gran inundación que afectó seriamente los edificios, no siendo suficientes las calzadas para detener la invasión del lago de Texcoco se creó una cerca de más de tres leguas de largo por cuatro brazas de ancho empleando estacas y piedras; esta obra fue conocida por la historia con el nombre de Albarradón de Nezahualcóyotl. [7]

Representación de la construcción del acueducto Chapultepec dirigida
por Nezahualcóyotl

Fig. 2 Códice Panes-Abellán, vol. IV, lam. 148

La dificultad, algunas veces insuperable con que tropieza el que describe
la historia de las poblaciones se encuentra siempre, no tanto en la
averiguación de sus fundadores cuanto en la de su descubrimiento y noticia
de las generaciones que van pasando sucesivamente por el suelo, dejando
huellas, apenas reconocibles de su transito.

El estudio del lago de México es el tema principal, pero debemos
mencionar que alrededor de este se desarrollaba una gran diversidad natural,
surge la idea de que la cuenca de México era un área inmensamente diversa
en paisajes y recursos naturales. Tenía bosques, pastizales; vivía en ella un
gran número de especies animales comestibles; llegaban a ella anualmente
millones de aves migratorias. Era un lugar en el que se daba bien el maíz, el
chile y el frijol, y donde crecían casi silvestres: el nopal y el maguey. ¿Acaso
esto quiere decir que las poblaciones prehispánicas no tenían carencias?
¿Debemos creer que vivían en un estado de perfecta satisfacción de sus
necesidades básicas, en una especie de cuerno de la abundancia? [8]

Las sequías y las heladas de invierno afectaban a buena parte de la
cuenca. Para evitar estos problemas, los aztecas pescaban y cazaban en las
aguas de los lagos, pero este tipo de recolección representaba un esfuerzo
mucho mayor que el de la recolección en tierra firme por lo que se
introdujo la agricultura chinampera (suelo artificial para el cultivo intensivo
y para la habitación, mediante técnicas que combinaban drenaje y creación
de suelo mediante la adición de tierra y materia orgánica palustre), aunque
mucho más eficiente y segura que la de temporal, representaba también un
inmenso esfuerzo de movimiento de tierra, relleno de parcelas y excavación
de canales. Esto derivo una tercera intervención de gran magnitud. Hasta
ahora son tres tipos de construcciones que se presentaron en la época
prehispánica; las calzadas, los diques y finalmente las chinampas. [9]

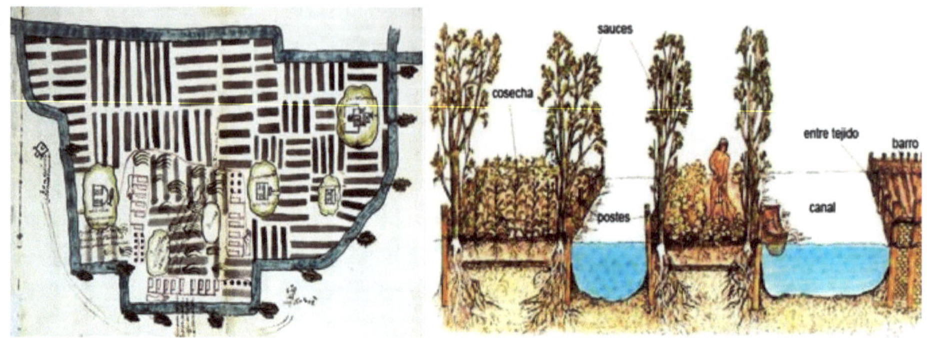

Fig.3 Tláhuac, Distrito Federal, 1579,   Fig. 4 Confección de Chinampas,
Semblanza histórica de México.   Cd. De agua, Juan Carlos Olivas

Finalmente con la construcción de chinampas surgió un problema que fue la comunicación entre estos lotes de terreno; siendo el lago como un lienzo en blanco se crearon canales como vía de comunicación entre las zonas chinamperas.

Los sistemas de chinampas se extendieron por toda la zona de agua dulce de Chalco, Xochimilco, también aparecieron en Zumpango y Xaltocan, también alrededor de las ciudades gemelas de Tenochtitlan y Tlatelolco, en Iztapalapa, Mexicalcingo, Churubusco y otros lugares. La intensificación de la agricultura y su creación de nuevos suelos cultivables y de fácil comunicación favorecieron las altas densidades de población y concentraciones urbanas. El poder económico y demográfico amasado en el valle de México combinado con una organización política militar estrechamente ligado con la organización hidráulica permitió una expansión por Mesoamérica. [10]

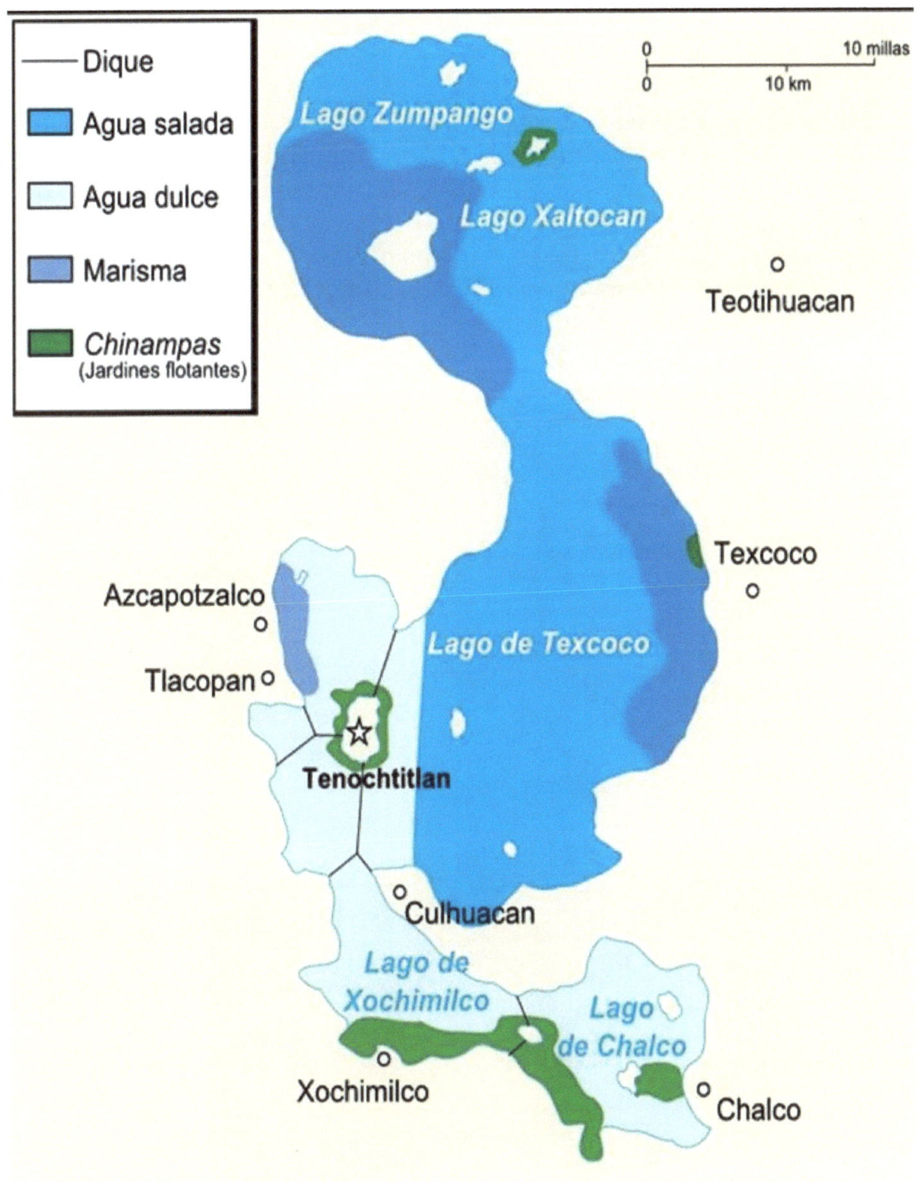

Fig. 5 México 1519, Mapa de chinampas, Wikipedia

El Albarradón-dique;obra de defensa contra inundaciones y de drenaje; construcción de suelos artificiales para la agricultura y poblamiento; conducción de agua dulce por medio de acueductos. Sin duda estos sistemas representan el punto culminante de la agricultura hidráulica en el lago de México [11].

La presencia de estas obras en el interior del lago impedía la libre circulación del agua lo que modifico la fauna, siendo este un modificador del medio; cave recalcar que la calzada es un término usado por los españoles, con lo cual le impusieron la función principal de vía de comunicación, siendo esto falso, ya que sin poseer animales de carga el sistema más eficiente de transporte era hacer uso de los canales.

1. Acolman, *dique sobre el río San Juan Teotihuacán, formando laguna artificial.*
2. Ecatepec - Chiconauhtla, *calzada-dique formando una laguna artificial en Ecatepec.*
3. Tizayuca, *dique sobre las avenidas de Pachuca, formando una laguna artificial con salida a Zumpango (¿colonial?).*
4. Zumpango, *dique al sur de la laguna.*
5. Zumpango, *calzada (separando la laguna de Zumpango de la de Citlaltépetl).*
6. Albarradón de Nezahualcóyotl.
7. Tepeyac-San Lázaro, *albarradón de Ahuízotl (de forma semicircular).*
8. México-Tepeyac, *calzada-dique.*
9. México-Tenayuca, *calzada-dique.*
10. México - Azcapotzalco, *calzada-dique.*
11. México - Tacuba, *calzada-dique.*
12. México-Chapultepec, *calzada-dique.*
13. México-Xochimilco, *calzada-dique.*
14. México-La Piedad, *calzada-dique (¿colonial?).*
15. Coyoacán - Mexicalcingo - Ixtapalapa, *calzada-dique.*
16. Coyoacán-Culhuacán, *calzada-dique.*
17. Tláhuac, *calzada - dique (separando la laguna de Chalco de la de Xochimilco).*
18. Azcapotzalco, *río canalizado (viene de los Remedios y desagua junto con el río de Guadalupe en el puente de Guadalupe).*
19. Coyoacán, *río canalizado, (con los arroyos de Cuajimalpa, Mixcoac y Tacubaya como afluentes).*
20. Sanctorum (Tecamachalco) y Morales, *arroyos canalizados que riegan el ejido de Chapultepec.*
21. Río de San Juan Teotihuacán con arroyos de Otumba, Apan, Calpulalpan y Los Jardines, y río Papalotla con arroyos de Texcoco, *ríos y arroyos, algunos de ellos canalizados.*
22. Mexicalcingo, *compuertas que vierten al lago de Texcoco el agua de Xochimilco, San Agustín de las Cuevas, ríos de Tlalmanalco y Tepolula y muchos manantiales, algunos de ellos canalizados.*
23. Chapultepec - Pantitlán, *acequia navegable.*
24. Xochimilco - Mexicalcingo - México, *acequia navegable.*
25. Real del Monte y Pachuca, Tepotzotlán, Cuautitlán y San Miguel, *avenidas y ríos, algunos de ellos canalizados (alimentan la laguna de Zumpango y vierten después en la de Ecatepec).*
26. México, *chinampas (camellones de tierra portátil).*
27. México, *siete acequias que desaguan por siete conmpuertas en la albarrada de San Lázaro.*
28. San Agustín de las Cuevas-México, *acueducto.*

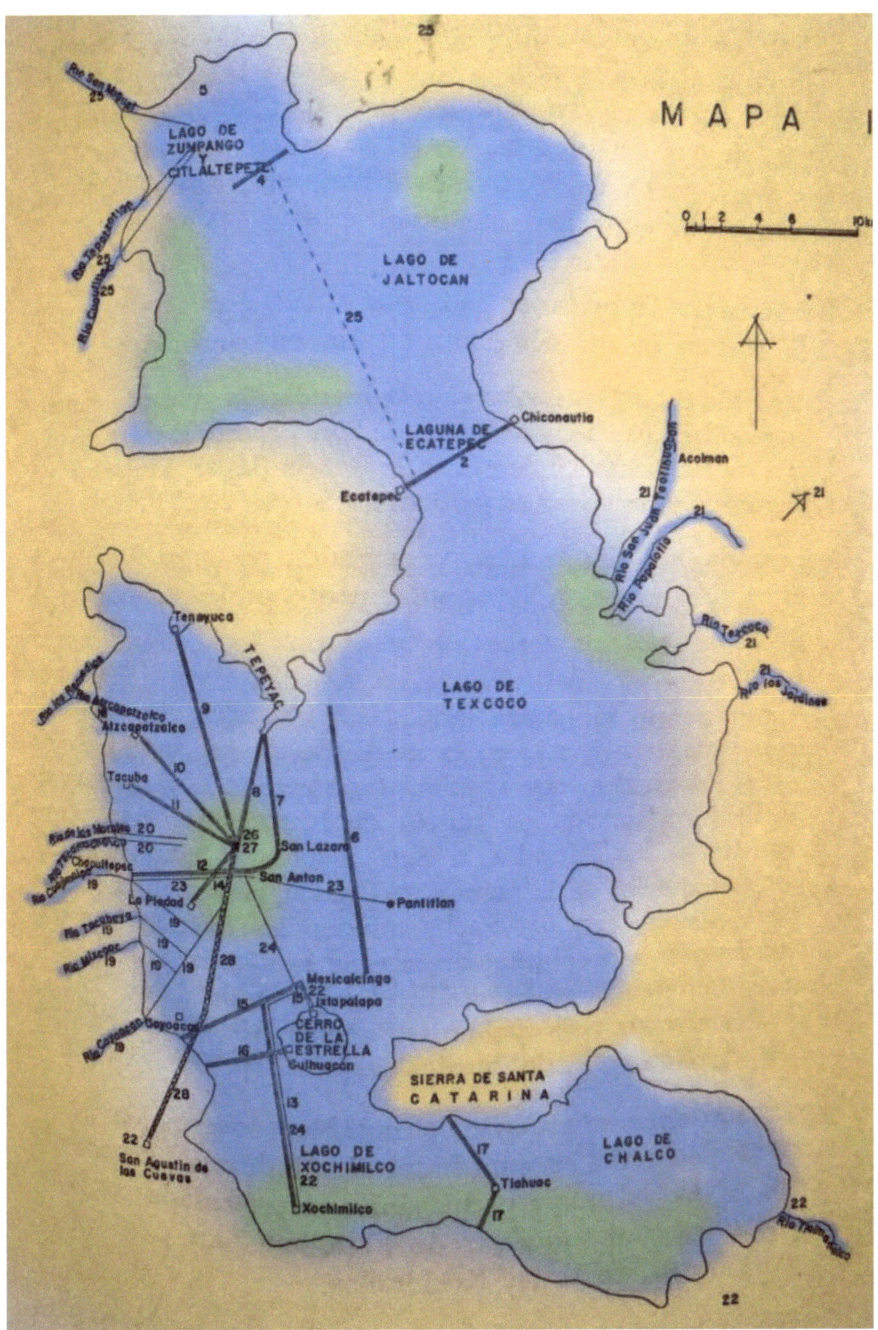

Fig. 6 Ángel Palerm, Obras hidráulicas prehispánicas, pg. 219Tenochtitlan con canales diques calzadas y albarradones

La ingeniería prehispánica fue incomprendida por los conquistadores, el control de las guas solo fue algo ideal ya que la intervención por medio de las edificaciones como hemos visto proporcionaban una solución temporal, para luego surgir otro problema, inundaciones, salinización, desecación, estancamiento etc. Cabe recalcar que las obras realizadas en el apogeo de Tenochtitlan llegaron al límite de su esplendor, pero puede ser que tanto albarradones como calzadas hayan sido construidas en periodos anteriores, ya que los pueblos delimitaban bien su territorio por la riqueza que poseían; Podría ser que la construcción del Albarradón de Nezahualcóyotl fuese construido antes de los aztecas para delimitar las aguas saladas de Texcoco y las aguas pertenecientes al señorío Azcapotzalco; o las calzadas de Tepeyac para delimitar las zonas con mayor abundancia de productos de la que no poseía otras áreas del lago. También agregare que el agua era un medio eficiente de comunicación con el transporte de mercancías y personas; la riqueza del lago fue producto de siglos de transformación natural y al llegar los conquistadores cambiaron todo y al iniciar el levantamiento de su nueva casa surgió en ellos un sentimiento de nostalgia, que provocaría el cambio total de su entorno para poder reconstruir su anhelada tierra.

[1]   Tortolero Villaseñor Alejandro, el agua y su historia, pg-25,24

[2]   Exequiel Ezcurra, De las chinampas a la megalópolis, archivo pdf, pg-5

[3] Exequiel Ezcurra, De las chinampas a la megalópolis, archivo pdf, pg-6

[4] Pineda Mendoza Raquel, origen vida y muerte del acueducto de santa fe, pg-21,22

[5] Exequiel Ezcurra, De las chinampas a la megalópolis, archivo pdf, pg-21

[6] Pineda Mendoza Raquel, origen vida y muerte del acueducto de santa fe, pg-22,23

[7] Pineda Mendoza Raquel, origen vida y muerte del acueducto de santa fe, pg-23

[8]   Exequiel Ezcurra, De las chinampas a la megalópolis, archivo PDF, pg-17

[9]   Semblanza Histórica del Agua en México, SEMARNAT, archivo PDF, pg-18

[10] Ángel Palerm, Obras hidráulicas prehispánicas, pg-19

[11]   Ángel   Palerm,   Obras   hidráulicas   prehispánicas,   pg-2

CAPITULO II DESPUÉS DE LA CONQUISTA

¿Pero, cómo es que caminan sobre agua unas canoas llenas también de agua?

Así lo refiere cervantes de Salazar en uno de sus diálogos; cuando Alfaro pregunta a Zamora; este responde: 'el agua en que navegan las canoas no es potable; la que ellos llevan sale de la fuente conducida por un gran canal que cae de lo alto con gran estruendo sobre las canoas que se ponen de bajo'. [1]

Después de la derrota de Tenochtitlan la primera orden que da Cortes es la reconstrucción del acueducto de Chapultepec; este fue destruido parcialmente para evitar el abastecimiento de agua potable a los ciudadanos que se resistieron a la conquista por parte de los españoles (entonces el abastecimiento de agua inicia en el bosque de Chapultepec).

Durante las primeras épocas de la colonia el agua se seguía repartiendo como lo hacían los mexica, los canoeros se colocaban bajo ciertos cortaduras de acueducto para recibir el agua y venderla por toda la ciudad; una de estas tomas estaba en frente a la ermita de la Santa Veracruz (calle de Tacuba). En el riego de huertas se otorgaban mercedes para realizar perforaciones al acueducto llamándoles heridos o datas.(la primer data concedida por el ayuntamiento fue concedida a fray Toribio Benavente, Motolinía guardián del monasterio de San Francisco en 1526), es posible que los frailes hayan construido las cañerías a flor de tierra teniendo nuestra primer intervención por parte de los españoles, este ramal partía desde la alcantarilla distribuidora de la calzada de Tacuba hacia el sur por el eje Lázaro Cárdenas, doblando por madero recorriendo hasta la plaza pública donde terminaba en un pilar recolector.[1]

Para evitar el mal uso de del agua, el ayuntamiento emitió diversas disposiciones, entre estas ordeno que las huertas fueran regadas solo durante la noche hasta tres horas antes del amanecer, el abuso del recurso se hizo presente y se ordenó que su reparto se realizara por tubería de fierro; los vecinos de la ciudad protestaban contra los Frailes a quienes culpaban de no recibir agua suficiente del pilar de la plaza pública.

Hechos como estos revelan apenas la magnitud de un problema que han enfrentado desde entonces las autoridades municipales: la escasez de agua potable. [1]

Fig. 7 Acueductos en la época colonial, wikimedia.

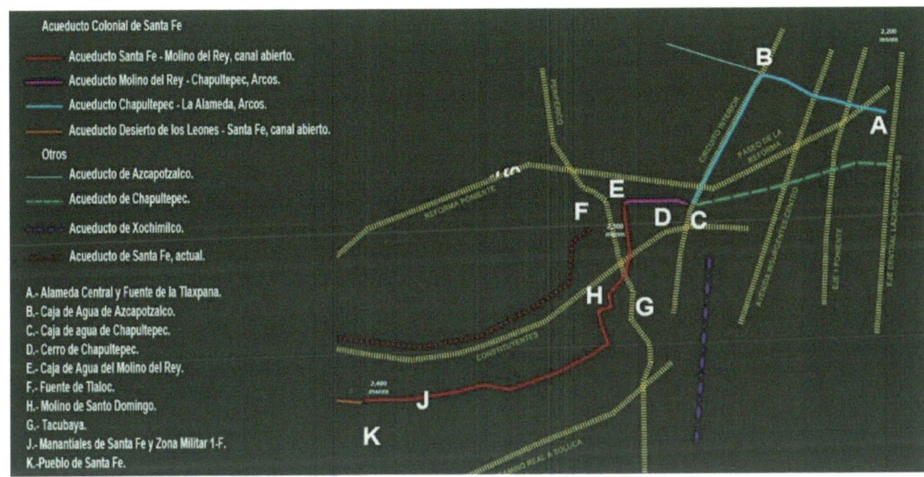

Fig. 7 Acueductos en la época colonial, wikimedia.

El acueducto de Chapultepec funciono durante tres siglos, su existencia se debe a la decisión y esfuerzo de los indios de la ciudad ya que al existir escasez de en los barrios de san juan y san pablo decidieron obtenerla de los manantiales de Chapultepec, mediante una atarjea a flor de tierra que se propuso construir sobre la calzada de san Juan (hoy av. Chapultepec y arcos de Belem). [2]

La distribución de agua se hizo a partir de la alberca chica o de Moctezuma mediante tres ramales, el de la merced, el de san pablo y el del bosque; para las ultimas décadas del siglo XVIII el caudal de la alberca chica comenzó a reducirse rápidamente, al parecer por que se perforo esta para buscar el tesoro de Moctezuma entre 1772 y 1775, de manera que a fines del siglo XIX agotado el manantial se dispuso a demoler la arquería. [2]

Otra fuente de donde se abasteció la ciudad fueron los manantiales de santa fe que se localizan al suroeste del valle de México entre Cuajimalpa y Tacubaya, Delegación Álvaro Obregón, aproximadamente a 12 km del centro de la ciudad; el pasado de Acaxochitl (hoy santa fe), por disposición del virrey se hizo llegar sus aguas hasta el cerro de Chapultepec en 1572, de ahí se repartió en canoas; medio siglo después fue terminado su acueducto que condujo el líquido al centro de la ciudad. Cabe señalar que el agua de santa fe tenia preferencia que la del cerro de Chapultepec, a esta la llamaron agua delgada para distinguirla de la de Chapultepec conocida como agua gorda. Así para 1620 la caja repartidora de del recién concluido acueducto de santa fe comenzó a distribuir agua delgada a la zona norte, mientras que el agua gruesa era distribuida a la zona sur. [2]

La población siguió creciendo y el agua era insuficiente para resolver la necesidades citadinas, por ejemplo para 1847 la capital contaba con una dotación de 2112.18 litros por segundo de agua procedente de santa fe, el desierto de los leones y Chapultepec; para 1889 este volumen disminuyo a 770 litros por segundo. En 1908 el agua de estas fuentes dejo de usarse en la capital para consumir la que se trajo de Xochimilco mediante un acueducto que proyecto el ing. Manuel Marroquín. [2]

Como podemos ver la introducción de agua a la capital por medio de acueductos fue obra de importancia y de gran magnitud; desde los mexica hasta lo españoles se intentó abastecer de una manera eficiente a la población, estableciendo normas con su uso, construyendo los acueductos, cajas receptoras, alcantarillado e instalando tuberías y formando ramales para su distribución; en ocasiones el desconocimiento del lugar provoco gastos innecesario como lo fue el acueducto de Churubusco que para 1608 sus veneros estaban agotados.

Fig. 8 Juan Gómez de Trasmonte, plano de la ciudad de México 1628, acueducto de Santa fe y de Chapultepec

Algunos problemas que se presentaron con la distribución del agua fueron provocados por los vecinos, quienes perforaban el acueducto en ocasiones sin licencia provocando derrames inútiles, llevando a un desgaste, su posterior deterioro y un constante gasto en las obras de reparación y mantenimiento; pero el mayor problema para los acueductos es un punto que no se ha tomado en cuenta, y esto es que la ciudad se encuentra en una zona sísmica y como tal los acueductos recibían un daño constante en su estructura, siendo insuficiente la resistencia de sus cimientos; los maestros de construcción fueron cargos dispuestos a españoles, estos con una acostumbrada forma de construir en tierra firme se les dificulto en un suelo fangoso, creando estructuras que solo el paso de los años permitiría ver sus equivocaciones; así lo tenemos con el alarife(maestro de obras) Miguel

Martínez quien se encargó de la construcción de los arcos de acueducto de santa fe que inicio en 1571 y terminando en 1573 entonces el regidor ordeno probar el acueducto y este no funciono como se esperó, debido a errores de construcción el agua no corría se represaba en algunas partes; ese mismo año la real audiencia inicio el juicio contra el maestro de obras hasta que pague o restituya el daño que hizo. Miguel Martínez no realizo los cálculos correctos para una edificación en suelo fangoso y en partes cenagosas lo que llevo al hundimiento de estos arcos. [3]

He aquí una razón para expulsar las aguas del lago y obtener un suelo firme para construcciones duraderas

Fig. 9 y fig. 10
http://vamonosalbable.blogspot.mx/2014/12/acueductos-novohispanos-esos-monumentos.html acueducto de la ciudad de México.
http://mxcity.mx/2016/03/la-emblematica-historia-la-avenida-chapultepec/

Los acueductos fueron parte   del paisaje de la época colonial y su fin llega con el entubamiento de las aguas en 1867 con el decreto del presidente Benito Juárez que decía: Benito Juárez, presidente constitucional de los estados unidos mexicanos a sus habitantes, sabed.

Que en uso de las amplias facultades de que me hallo envestido, he tenido a bien decretar lo siguiente:

Artículo 41. Es obligación de la compañía demoler dentro de ocho meses los arcos que sirven de acueducto, desde san Fernando hasta la garita de san Cosme, haciendo suyos los materiales de demolición y estableciendo tubos de hierro, de diámetro competente, para que por ello pase la misma cantidad de agua que por el acueducto; para lo cual y para que la ciudad no carezca de agua en los días de la reforma de la obra, se nombrara por el ministro de fomento, un ingeniero que intervenga en ella. [3]

Ahora nos regresamos para ver la construcción de la nueva ciudad, comenzada en 1524, consumió una inmensa cantidad de maderas de armazón y pilotaje. Para entonces se destruyeron, y hoy se continúa destruyendo áreas verdes. La falta de vegetación deja el suelo descubierto a la fuerza directa de los rayos del sol, y la humedad que no se había perdido en las filtraciones de la roca amigdaloide basáltica y esponjosa, se evapora rápidamente y se disuelve en el aire, cuando ni las hojas de los árboles ni lo frondoso de la yerba defienden el suelo de la influencia del sol y vientos secos del mediodía. [4]

Los nuevos señores de México que no conocían prácticamente los peligros y estragos de las inundaciones descuidaron enteramente sus antiguos reparos, unido a la destrucción durante la guerra y el asedio de la ciudad, se encontró absolutamente desprevenida para el fenómeno de 1553, cuando dice Torquemada : " llovió un día tanto y con tan espeso efecto, que no solo se hincho la laguna, sino también la ciudad y con tanto exceso que no se pudiera andar en las calles tres o cuatro días si no era en canoas", Gobernaba en ese tiempo don Luis de Velasco que sorprendido y asustado por el suceso mando a reparar la albarrada de los indios o de Nezahualcóyotl. En el año de 1580, gobernaba el virrey Don Martin Henríquez "hubo otra no menor inundación y los reparos que por los autos se realizaron fue levantar calzadas y fortificar albarradones. El mes de agosto del año 1604 vino a sorprender al virrey don juan de Mendoza, Márquez de monte claros la mayor inundación que se había visto, esta gran calamidad tuvo gran parte por el descuido y el olvido del mantenimiento de la infraestructura; la lección que recibió la ciudad avivo sus esfuerzos, haciéndola dar mayor importancia a sus medios de defensa e iniciando una construcción de calzada como medio de protección y distribución del lago.
El virrey había concebido que el único medio verdaderamente eficaz para prevenir las inundaciones, era el desagüe de los lagos, obra que se iniciaría años después.

Para 1607 se presenta otra inundación esta es una descripción de francisco Javier alegre: los reparos que se habían puesto a costa de tanto gasto y fatiga en las pasadas inundaciones, eran muy débiles para el caso de una extraordinaria abundancia de lluvias y desborde de las lagunas. Con efecto, tres años después en el tiempo de que vamos tratando se experimentó bien con arto peligro de la ciudad, que nunca se había visto próxima a su ruina. Las acequias se llenaron hasta llenarse los ojos de los puentes. Las habitaciones de un suelo quedaron por mucho tiempo inhabitables con suma incomodidad de los pobres... [5]
Pocos días después toma posesión don Luis de Velasco, la peor agua

para los habitantes era la de los lagos por ser espesas, biliosas y flemáticas. Calientes y olorosas en verano y revueltas y frías en invierno a causa del hielo; estas aguas causaban enfermedad y eran fuente de infecciones, por ello fray Andrés de san miguel afirma que drenar la ciudad es sanarla. Así comienza una historia larga de desvalorización de las aguas de los lagos que tiene por objeto principal justificar las políticas de drenaje y desaparición de los lagos. [6]

El 29 de noviembre de 1607 a cargo del director de la obra Enrico Martínez comienzan las obras del dicho desagüe por la parte de la laguna de san Cristóbal Ecatepec hacia el pueblo de Huehuetoca y sitio nombrado Nochistongo; una obra tan grandiosa exigía el esfuerzo de indios y más trabajadores españoles; pero el camino presento manantiales por lo que fue menester hacer cambios a la planeación prevista. [7]

El día 20 de junio de 1629 se presenta una de las calamidades más grandes que ha afligido a México de la siguiente manera; en la zona norte existía un dique que impedía la entrada del rio Cuautitlán hacia la laguna de Zumpango y hacia Citlaltepec, formando así un depósito de aquellas aguas denominado entonces laguna de Coyotepec, de ahí corrían en un canal abierto hasta Huehuetoca donde entraba en el tajo que formaba esta obra del desagüe; parece que este día tuvo una abundantísima avenida el mencionado rio de Cuautitlán y que precipitándose sobre su depósito causo los dos mayores estragos que se podría temer; cerro la boca del tajo y rompió el dique de Coyotepec. Lo uno era inevitable de los otro, porque obstruido aquel, las aguas retrocedían y siendo insuficiente el reparo para contenerla, se precipitaron sobre el lago de Zumpango, y de allí sobre el de san Cristóbal, ejecutado la misma destrucción en ambos, finalmente llegaría a Texcoco y en pocas horas la inundación de la ciudad se presentó. [7]

La obra del desagüe presentaba dos inconvenientes el uno que era la presencia de derrumbes dentro de este y el segundo los derrumbes que se producían en el talud del canal abierto lo que provocaban su azolvamiento.

Las frecuentes inundaciones causo temor en la ciudad; aunque con el tiempo eran esperadas, en ocasiones causaban asombro tal, que decidían mudarse del lugar, tanto espanto provoco que su real majestad no veía más que mudar la ciudad en solución a la problemática y desconocimiento del lugar, pero la obstinación de gentes principales al tener negocios, iglesias, hospitales, conventos, catedral, etc. que esa idea quedo deshecha. El desagüe del agua es algo inevitable; pero la llegada de un hombre propone un cambio:

Adrián Boot, enviado del rey, estudiado en la escuela hidráulica de Holanda sostenía que el desagüe era un error, y que lo mejor era preservar las lagunas que constituían una fuente de ingreso para los indígenas y un medio de transporte rápido y barato. Su proyecto consistía en el reforzamiento de los diques y expulsar las aguas por medio de bombas como en Holanda. Su plan fue rechazado porque no proponía cosas nuevas, y la construcción de diques sería volver a las técnicas indígenas. Con el muere un proyecto tal vez viable que habría podido conservar a la ciudad y su agua. [7]

Anotemos y estemos pendiente que las inundaciones y su temor, son una razón más para la expulsión del agua de México; desvalorizándose poco a poco debido a su desconocimiento en el manejo equilibrado de la naturaleza; porque la razón no tiene espacio frente al miedo de una población, el desagüe continuara su tarea expulsando las aguas, veremos en la siguiente etapa del desarrollo de la agricultura; beneficiando la economía de pocos, veremos cómo cambiara definitivamente los trabajos del indígena, trasformaciones necesarias para ser parte del "desarrollo".

Fig. 11 Mapa de Enrico Martínez 1608. Descripción de la comarca de México i obra del desagüe de la laguna de México

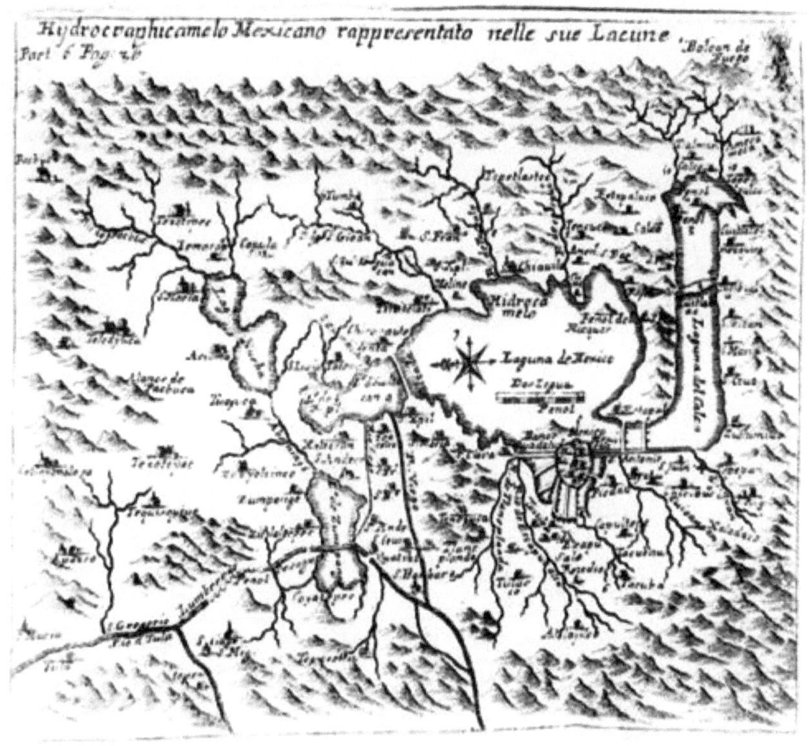

Fig.   12   Mapa   de   Adrián   Boot   ¿   1618?
Connolly_Mayer_2009_Vingboons Trasmonte and Boot_Imago_Mundi.
pdf. Pg. 14

[1] Pineda Mendoza Raquel, origen vida y muerte del acueducto de santa fe, pg-38,39

[2] Pineda Mendoza Raquel, origen vida y muerte del acueducto de santa fe, pg-41,49,53

[3] Pineda Mendoza Raquel, origen vida y muerte del acueducto de santa fe, pg-116,230

[4]   Exequiel Ezcurra, De las chinampas a la megalópolis, archivo PDF, pg-27

[5]   José Fernando Ramírez, memoria acerca de las obras e inundaciones en la ciudad de México, pg. 47, 49, 56,58

[6]   Alejandro Tortolero Villaseñor, el agua y su historia, pg. 35

[7] José Fernando Ramírez, memoria acerca de las obras e inundaciones en la ciudad de México, pg.65, 123, 160,196.

CAPITULO III HIGIENE Y AGRICULTURA

En el siglo XIX que el periodo de la ilustración en México comienza a surgir la asociación del agua con lo higiénico; la limpieza hacia parte de la respetabilidad y se extiende la idea de que la sociedad se asemejaba al cuerpo humano y por tanto era posible aplicarle los conceptos de salud y enfermedad, las ciudad más civilizadas contaban con mayor salubridad por lo que era necesario abastecer de agua y desalojar los residuos urbanos; la ciudad debía poseer un sistema de evacuación que alejara lo putrefacto como fuese posible, y el agua era el vehículo para desaguar las excrecencias.[1]55 en 1826 se crea una oficina del desagüe, este se proyecta aprovechando el tajo de Nochistongo en Huehuetoca, pero su demora y mantenimiento provocan la impaciencia de las autoridades. En 1853 se presenta el proyecto de Francisco de Garibay quien propuso un canal a cielo abierto que partiendo de la garita de San Lázaro, atravesara los lagos de Texcoco, San Cristóbal y Zumpango, así se recogería las aguas de todos los ríos de su paso, también proponía construir una serie de canales secundarios para desaguar los lagos de Chalco y Xochimilco que también servirán para el riego transporte y drenaje.
Ahora cambian los actores y métodos, si antes el desagüe se había realizado bajo la tutela del estado y utilizando formas compulsivas como el repartimiento, los presos y el ejército para el avance de las obras; ahora serian empresarios privados con base en nuevas relaciones de trabajo [1]

Durante el Porfiriato se realizan 3 censos generales de población que se presentan en la siguiente tabla:

Distrito	1895	1900	1910
Chalco	41	0	5
Zumpango	390	17	67
Texcoco	-	4	118
Lerma	2	11	58
Tenango	5	96	10
Otros			24
Total	438	128	282

Tabla 1 Alejandro Tortolero, el agua y su historia, pg. 74, censo de pescadores en los lagos.

las estadísticas muestran una situación cultural y coyuntural más que una real; la percepción de los españoles y de lo indígenas en torno al agua no era la misma; desde las crónicas de Tomas López Medel en el siglo XVI que afirma que las aguas de los lagos contribuían al mal olor, hasta los testigos de viajeros ilustres en el siglo XIX como el barón de Humboldt o Jules Leclercq se hace manifiesta la insalubridad que presentan los lagos, los partidarios de desecarlos toman están experiencias y comienzan a denominarlos ciénagas, en 1894 se hace una petición ante el supremo gobierno para desecar el lago de Chalco, el consejo superior de salubridad realiza un estudio de las condiciones de los lagos del sur en relación con la higiene; allí asientan que estos expedían sobre toda su superficie miasmas de hidrogeno sulfurado que se percibía en las calles de México siempre que soplaba el viento del sur. Era difícil oponer un mundo aprovechado por 41 pescadores en 1895 a la fetidez de una gran ciudad como la de México; así sucesivamente desde cronistas ingenieros e higienistas califican a los lagos como pantanos, como algo sucio, desagradable, que había de desaparecer, se enfrentan al mundo de los indígenas, ya que estos suponían que el agua de los lagos circulaba en forma subterránea y, lejos de estar estancada y ser foco de infecciones, era un elemento central de subsistencia. [2]

Se construyeron 203 Km de canales 16 km dedicado a la conducción de aguas de Chalco a Texcoco; 18 km para llevar l liquido de los manantiales de la parte sur de la antigua laguna de Chalco a la de Xochimilco; 14 km para recoger las aguas que bajaban de los montes de Tlalmanalco para bajarlas a Texcoco; el resto de canales tenían por objeto el drenaje y riego de los terrenos; además de servir como medio de comunicación para el transporte de las cosechas a los puntos convenientes. [2]

Con esta desecación se encontró que las tierras se convertían en "terrenos feraces y productivos, que solo por excepción pudieran encontrarse iguales". Así se convirtió un terreno poco productivo con una pesca exigua, y forraje de plantas acuáticas de mala calidad, en un campo donde seria aprovechado al máximo el cultivo de granos.

El higiene a costa de la destrucción ecológica, y el descubrimiento de una tierra fértil para el cultivo motiva a la continuación del desagüe, transformación y cambio de uso de suelo, el peso de la economía lacustre se ve subestimado así tenemos un ejemplo de pascual González, gobernador del estado de México en 1849, que dice: los vecinos pobres de Zumpango se dedicaban a la caza de patos y la pesca en laguna de su pueblo, mas este recurso es insignificante; seria provechoso a la clase menesterosa y a los fundos, la desecación de la laguna como es fácil, pues de ellos resultaría abundantes cosechas

Fig. 13 Alejandro Tortolero, el agua y si historia, pg62, obras de desecación del lago

Fig. 14 la agricultura y la lucha social. Fondo Incremento Acervo (FIA) Savitri Sawhney. CONACULTA-INAH-SINAFO-FN.

Así se termina una relación milenaria de los hombres de la región con sus lagos y se inaugura la era de la gran hidráulica que habría de mandar un siglo de castigo ecológico. Los paisajes son solo recuerdos que quedaron plasmados en pinturas José María Velasco, Andrés García, W. Bullock, el costo de una apariencia limpia no justifica la destrucción.

[1] Alejandro Tortolero Villaseñor, el agua y su historia, pg. 55,69.
[2] Alejandro Tortolero Villaseñor, el agua y su historia, pg. 75,78.

CAPITULO IV SALUD E INDUSTRIA

Vibrión; vacilo curvado como bastón, muy móvil; absorbidos con el agua o los alimentos, los vibriones segregan en el intestino una toxina que origina una diarrea particular que se acompaña de vómito y provoca deshidratación intensa (antes era sinónimo de muerte).

Su entrada en Europa se da a través de Rusia en 1830, originada por una epidemia que comenzó en bengala en 1817, se extiende a toda Asia meridional y a partir de 1829 invade Europa, América y África. El 31 de octubre de 1831 ocurre el primer caso en Berlín; el 12 de febrero de 1832 se da el primer caso en Londres. Los cadáveres se descubren en las casas bañados con una diarrea blanquizca, los cuerpos aparecen en las calles. Se buscan culpables acusando a comerciantes y tenderos de envenenar los alimentos, las bebidas y el vino; la enfermedad debió causar cerca de un millón de muertes en Europa. Este es el origen de la primera enfermedad asociada con el agua; dos médicos ingleses Snow y Bud se dieron cuenta luego de la epidemia de Londres, que los que bebían agua de una bomba contraían cólera; a finales del siglo nadie duda que su origen es hídrico. En las ciudades las opiniones de los médicos señalan la contaminación de las aguas causante de enfermedades; las ideas koch y Pasteur se difunde rápidamente y con ello la idea que el cólera sigue el curso de los ríos, esta idea se difunde rápidamente y en julio de 1884 Robert koch dicta en Berlín una conferencia sobre el cólera y en 1885 se imprime en México. Se difunden las ideas de que el mal viene casi siempre del agua y de todo lo que toca: alimentos, frutos y legumbres. Secretaria de gobernación establece sus medidas higiénicas que consistieron en la desecación de pantanos (lagunas), construir un buen drenaje, abastecer a la población de agua potable, este último seguía con la antigua distribución colonial, que consistía transportar agua de los manantiales a través de acueductos hasta llegar a una caja de agua que servía para distribuirla por cañerías que finalmente llegaba fuentes públicas.

Estas presentaban muchos obstáculos en su mantenimiento, el doctor José Lobato en 1884 afirma que es preferente el sistema de red que consiste en distribuir el agua por medio de tuberías conectadas entre sí; cada sector del sistema contaba con válvulas que podían suspender el suministro de agua. Esta red estaba formada por circuitos de tubería de hierro colocados en distintos sectores de la ciudad que eran abastecidos por una fuente o depósito. Con esto se mejora la higiene y se regula su distribución.

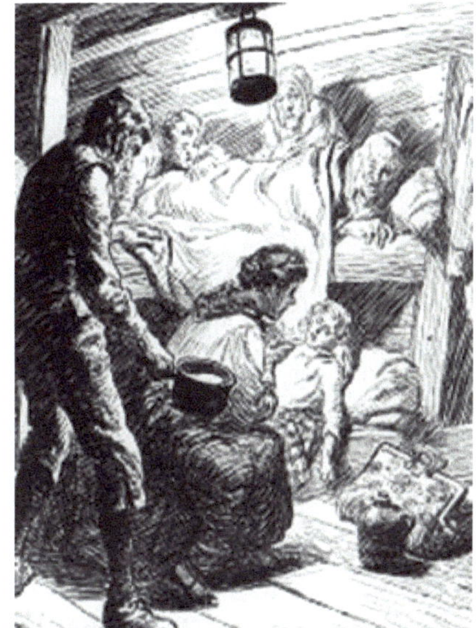

Fig. 16 Wikimexico, la terrible epidemia de 1833.

Fig.15 historiaperezresendizprimerosiete.blogspot.mx, ferrocarril y canal siglo XIX

El abasto de agua que en la época colonial estaba a cargo del convento de San Francisco, ahora se convierte en asunto del ayuntamiento, y para finalizar el siglo es controlado por la compañía cervecera Toluca y México. Mientras se empeñan en mejorar el abasto a la ciudad, aumenta las fábricas empleando en ocasiones el agua del ayuntamiento en la misma. Así para llegar al final del cambio en la ciudad de México y sus paisajes debió a su desecación por medio de desagües llegan los gigantes industriales, ferrocarriles, textiles, papeleras y urbanizadoras. [2]

Estas industrias contaminaban las aguas en forma diferente. Mientras la textil utiliza la mayor parte para movimiento de su maquinaria, la fábrica de san Idelfonso la usaba para lavar lana y la fábrica de papel en Miraflores consumía el oxígeno presente en está dejándola inservible para consumo humano; cada empresa hacia uso de ella de acuerdo a su necesidad. Ahora El tráfico de canoas era bastante ventajoso, en el siglo XVIII México recibía 5000 fanegas de maíz cada semana transportadas en canoas para el siglo siguiente Francisco Sedano afirma que anualmente llegan a la ciudad 50000 canoas, esto da una idea del tráfico comercial lacustre. Por ejemplo se estimaba que en 1860 los efectos por comercio del circuito Chalco la viga ascendía a 20940 pesos aproximadamente; el movimiento de pasajeros se calcula en 20940 pesos; los efectos que entran por la garita de san Lázaro están calculados en 5000 pesos realizando la suma de los tres nos da 75940 pesos. Estas cantidades se aprecian mejor si lo comparamos con otro transporte recién llegado que fue el ferrocarril entre 1890 y 1895 el tráfico de pasajeros en este recibía un ingreso de 7400 y el transporte de mercancías 9000, dando una suma de 16400 comparando con las canoas es una importante cantidad el transporte en los canales.[2]

Para terminar llega 1952 bajo el regente de la ciudad de México Uruchurtu se pierde completamente el paisaje e identidad tan peculiar del valle de México; realizando la más grave intervención ecológica durante su regencia que es tomar la decisión de entubar cerca de 80 kilómetros de ríos urbanos, como el de Churubusco, que se convirtió en vía rápida de automóviles. Se intercambia para siempre la fluidez del agua por la movilidad del tránsito terrestre; con esto se cierra un ciclo marcado por la destrucción de los cuerpos de agua.

Fig. 17 Internet, canal de la viga 1800

Fig. 18 Canal de la viga 1910, archivo casasola

[1] Alejandro Tortolero Villaseñor, el agua y su historia, pg. 60
[2] Alejandro Tortolero Villaseñor, el agua y su historia, pg. 108

CONCLUSIONES

Como hemos visto el agua del lago de México tuvo muchas transformaciones todas encaminadas a su control total, primero canales y diques, luego acueductos y desagües finalmente tuberías y carreteras. La expulsión del agua debido a su desvalorización provoco no solo cambios en el paisaje sino que también cambio la forma de vivir de muchos; el pescador que todas las mañanas se dirigía al lago, cambio su vida para convertirse en zapatero, panadero o trabajar en alguna maquiladora, la enfermedad que se transmite a través del agua hoy se puede controlar, la agricultura urbana un tema que hoy está de moda será tal vez un medio para recuperar canales entubados. El contacto que tenemos con el agua es a través de un grifo, el contacto que tuvieron los indígenas fue tan importante que levantaron un altar en el corazón de Tenochtitlan; el agua sale por ríos que a su vez son conducidos a los canales abiertos o tuberías subterráneas, tal vez aun podamos recuperar el agua que está a la vuelta de la esquina, solo necesitamos conocer las causas de su desecación.

Aquí solo vimos las causas principales de la expulsión de las aguas del lago; mas sin embargo me he limitado en nombras algunas de las consecuencias como por ejemplo lo es el hundimiento de la ciudad y ruptura de las tuberías, cada problema va asociado con el otro como un domino, un problema genera otro; si no se tiene los suficientes datos en un proyecto, este provocara un problema, es necesario entonces que nuestras bases sean sólidas para una edificación duradera y en equilibrio con el medio. También se omitió uno de los mayores impactos provocados en el lago, siendo el poblamiento de esta región lacustre.

BIBLIOGRAFIA

*Tortolero Villaseñor Alejandro, el agua y su historia

*Exequiel Ezcurra, De las chinampas a la megalopolis

*Pineda Mendoza Raquel, origen vida y muerte del acueducto de santa fe

* Semblanza Histórica Del Agua en México, SEMARNAT, archivo PDF

*Ángel Palerm, Obras hidráulicas prehispánicas

*José Fernando Ramírez, memoria acerca de las obras e inundaciones en la ciudad de México,

ACERCA DEL AUTOR

Las investigaciones que se realizan se ven limitadas por el acceso a la informacion, el prestamos a los servicios digitales es una barrera por parte del gobierno, aunque para mi persona no veo porque no se puede colocar en una plataforma digital mapas y libros que pueden servir para todo publico. Tal vez alguien pueda ver algo que los demas no logramos ver. Espero que con el tiempo las autoridades permitan el acceso libre a los archivos digitales.